LETTRES

SUR LES
ÉMEUTES POPULAIRES
QUE CAUSE
LA CHERTÉ DES BLEDS.
ET SUR
LES PRÉCAUTIONS DU MOMENT.

1768.

LETTRES

Sur les Emeutes populaires que causé la cherté des Bleds, & sur les précautions du moment.

PREMIERE LETTRE

D'UN AVOCAT DE ROUEN

*à M. * * *.*

IL vous est bien aisé, Monsieur, de blâmer les précautions qu'on a prises en ce Pays pour tranquilliser les esprits. Plein de vos principes sur la liberté du Commerce des Grains & sur les avantages qu'elle doit procurer ; vous ne consultez dans votre Cabinet que la raison, la justice, la saine politique, & vous faites là-dessus à loisir

A

les plus beaux raiſonnements du monde , appuyés par de grands calculs.

Mais le Peuple des Villes , qui ne lit
point , qui ne raiſonne point , & qui
calcule peu , ne conſulte que ſa bourſe
& le prix des Grains aux marchés , ou
du pain chez le Boulanger. La cherté ,
ou l'apparence de la diſette lui cauſent
des *frayeurs* que toute votre Métaphy-
ſique ne ſauroit empêcher d'être réel-
les , ni même de paroître aſſez bien
fondées. Il s'inquiete ; & pour peu
qu'il ſe trouve des circonſtances critiques , il ſe trouble , il s'ameute ,
& deviendroit aiſément intraitable.

Si vous y prenez garde , Monſieur ,
les Magiſtrats & les autres Dépoſitái-
res de l'Autorité Royale , ne peuvent
jamais prévoir ni prévenir ces événements. Les conjonctures qui les occa-
ſionnent ſont de nature à n'être pas de-
vinées. Prenons pour exemple le ſoulevement de Mantes ; il ſe trouvoit en
cette Ville une certaine quantité de
Bleds de Bretagne deſtinés pour Paris.
Rien n'eſt plus ſimple ni plus naturel
que d'approviſionner cette grande Ca-
pitale , & d'y faire venir des Grains
d'une Province qui a eu bonne recol-

te , & qui a sûrement befoin de bien
vendre ; quelques perfonnes du Peuple , qui ne voient jamais au-delà du
lieu & du moment où ils font , trou-
verent étrange que le bled fût cher
au Marché (il s'y en vendoit pourtant
à *deux fols* la livre) pendant qu'il y
en avoit tant en réferve. Ils crierent ,
ils *s'ameuterent*. Le Subdélégué crut ne
pouvoir mieux faire que d'entrer en né-
gociation avec une populace foulevée.
Il leur délivra , de fon autorité , à chacun une mine de ces Bleds , *qui ne lui*
appartenoient pas , & il les *taxa*, de
fon autorité , à 15 liv. le feptier , c'eft-
à-dire , à 15 deniers la livre. Qu'en ar-
riva-t-il le Marché fuivant ? C'eft que
3 ou 4 mille ames des environs arrive-
rent au Marché , tenant des facs fous
leurs bras , & demandant, de gré ou
de force , du bled à 15 livres , &
qu'ils auroient pillé tous les Grains de
Bretagne deftinés pour Paris , fi le
grand Prévôt ne leur en eût impofé
par fa préfence , par fa troupe , & plus
encore par de bonnes raifons.

Dites-moi , je vous prie , Monfieur ,
qui eft-ce qui pouvoit prévoir un fem-

blable événement ? Celui de Rouen est presque pareil. L'imprudence d'un homme qui prit sur lui de donner à bas prix quelques boisseaux d'une farine *qui ne lui appartenoit pas*, excita le concours du Peuple : tout le monde voulut en avoir, on en prit de force, & on finit par menacer de meurtre, de pillage, d'incendie. Quelques sages & utiles *Réglements* qu'on eût faits ci-devant, il est presque impossible d'empêcher de semblables événements.

Il est probable, Monsieur, que vous n'avez jamais été témoin de semblables émeutes populaires ; ainsi vous n'en avez pas une juste idée ; d'ailleurs vous n'êtes pas Magistrat, & vous ne pouvez par conséquent bien concevoir par vous-même l'embarras cruel où se trouvent les Gens en place quand ils ont affaire d'un côté à une Cour éclairée, & qui a pris son parti en connoissance de cause, de l'autre à une populace mal instruite, mais mutinée, quand d'ailleurs elle souffre réellement de la *disette* qui rend le *pain cher*.

Si vous saviez quelle fermentation, quels murmures, quels dangers, quels

[5]

finiftres événements frappent les yeux,
l'oreille & l'efprit des Magiftrats ,
vous vous fentiriez plus de difpofition
à les excufer & à les plaindre.

Un principe d'humanité , de bonne
politique, de juftice même que vous ne
contefterez fûrement pas, Monfieur ,
c'eft qu'en pareil cas il convient de
donner au Peuple quelque fatisfaction
pour appaifer fes plaintes & calmer fes
terreurs , quand elles ont au moins un
fondement apparent.

Or c'étoit ici le cas. Le pain étoit
cher en Normandie ; premier fait in-
conteftable. Il y avoit eu précédem-
ment quelques Grains vendus à l'Etran-
ger depuis la Liberté, (non pas comme
vous le croyez , jufqu'au mois d'Oc-
tobre 1767 , mais jufqu'au mois de
Novembre 1766; car le Port de Rouen
eft fermé comme celui de Nantes il y a
plus de vingt mois.) Mais le Peuple ne
calcule pas, comme je vous l'ai déja
dit : ces Bleds de la récolte de 1765
leur étoient reftés dans la tête ; fecond
fait. Enfin la riviere paroiffoit à Rouen
& à Mantes couverte de bateaux de
Bled , dont les pauvres Artifans ne fa-
voient , ni l'origine , ni la deftination :

rien ne reſſemble mieux à du Bled de Normandie qu'on veut aller vendre en Angleterre, que du Bled de Bretagne qui eſt acheté pour l'approviſionnement de Paris.

Ces trois faits étant conſtants, le Peuple n'avoit pas un tort aſſez manifeſte pour ſévir avec la derniere rigueur, ni même pour paroître mépriſer ſes craintes & ſes remontrances : vous auriez, je crois, beaucoup de peine à me prouver que ce n'étoit pas là une circonſtance à uſer envers lui de ménagements & de bontés.

C'étoit donc le cas d'employer ce que j'appelle *les précautions du moment*, pour tranquilliſer les eſprits & calmer les inquiétudes.

Or, Monſieur, parmi ces *précautions du moment*, vous en trouveriez difficilement de plus analogues aux circonſtances & aux opinions qui ont fait naître les émeutes de Normandie, que celles qui furent adoptées ici.

La premiere cauſe du mécontentement & des allarmes publiques, étoit le *vuide des Marchés* : on n'y apportoit que très peu de Grains ; le Peuple croyoit qu'il en exiſtoit pourtant beau-

coup dans les greniers & dans les magafins ; il attribuoit le vuide des Marchés aux achats & aux ventes *cachées*,
& il s'imaginoit que tous les Bleds ren-
fermés ou vendus hors des Halles,
étoient deftinés, ou à l'*exportation*
hors de la Province, qui eft fon épou-
vantail, ou à ce qu'il appelle affez
fouvent le monopole, c'eft-à-dire,
qu'on le *cachoit* pour faire *renchérir* le
pain, puis le vendre au pauvre Peuple
à un prix exceffif.

Pour calmer cette frayeur, on a pris
le parti de faire *garnir* les Marchés, en
ordonnant aux Fermiers & autres Cultivateurs d'apporter du Bled fur les
Places, & en défendant tous achats
faits fecretement dans les greniers, ou
de quelque maniere que ce foit hors
des Halles. Vous voyez que cette précaution tend directement au but de-
firé par le Public.

Le fecond fujet de plaintes & d'allarmes venoit de la *cherté* du Bled ; on
crioit par-tout que le peu de grains pa-
roiffant aux Marchés, étoit acheté par
des Marchands Magafiniers & Reven-
deurs, fur-tout par les Meûniers, qui
font un commerce continuel & très

défagréable au Peuple de *Bleds qu'ils achetent au préjudice des autres*, pour le revendre en farines avec profit pour eux mêmes.

Pour y remédier, on a défendu aux Magafiniers, & fur tout aux Meûniers, d'acheter le Bled au Marché; par ce moyen le Peuple s'eft vu feul maître d'en faire l'emplette aux Halles bien garnie.

Enfin le pain étoit exceffivement cher dans les Villes, fur-tout à Rouen, & cependant les Boulangers n'y faifoient que des pains blancs, ou bis-blancs. On leur a ordonné de faire du pain abfolument bis de toutes efpeces de farines, même de recoupes & de fon, afin qu'il y en eût pour les pauvres, & on a *taxé* ce pain, pour plus grande sûreté de ces mêmes pauvres gens.

Voilà, Monfieur, les *précautions du moment*. Il ne reftoit plus qu'un article; c'eft celui de l'*exportation*. Le Parlement ne pouvoit pas fe diffimuler les cris qu'elle occafionnoit, & l'efpece d'animofité même qui paroiffoit répandue parmi le Peuple contre le mot & la chofe. Mais une Loi fo-

[9]

lemnelle s'oppofant à ce qu'il pût lui-
même fatisfaire le Public fur cet objet
de fes plaintes, pouvoit-il faire autre
chofe que des Repréfentations pour
qu'il plût à Sa Majefté d'y mettre des
bornes plus étroites ?

Plus vous y réfléchirez, Monfieur,
plus vous verrez que la prudence &
l'amour de la conciliation lui ont inf-
piré cette démarche. Le Gouvernement
paroît tenir pour l'exportation; le Peuple s'échauffe contre celle qui a été
faite. Les Magiftrats prennent un tem-
pérament; ils ne demandent pas qu'on
la fupprime : ils fupplient qu'on y
mette des reftrictions plus féveres, &
qu'on en reſſerre les limites.

C'eft-là, je crois, Monfieur, le feul
parti qu'il y eût à prendre *pour le moment.* Tout ce que vous avez écrit en
faveur de la Liberté me paroît fort bon
pour la fpéculation, peut-être même
le fera-t-il un jour pour la pratique,
après de bonnes récoltes, dans un
tems calme, & dans une Province où
les Peuples feront bien éclairés.

Mais nous nous trouvions ici dans
une année de difette, parmi un Peuple mal inftruit & très prévenu, dans

un tems de trouble & de fédition.
Comment auriez-vous fait autrement
pour le moment? C'eft le problème que
je vous donne à réfoudre.

Au refte ne croyez pas que ce foit une
queftion indifférente. La même chofe
peut arriver en cent lieux divers,
& par mille & mille caufes qu'il eft
impoffible de deviner ; ainfi vous ren-
driez un grand fervice aux Magiftrats,
aux Officiers municipaux, aux Com-
mandants, aux Dépofitaires quelconques de l'Autorité, même aux perfonnes
notables & aux Eccléfiaftiques, (toujours très embarraffés dans ces tems
de difette, de terreurs paniques & d'é-
meutes populaires :) fi vous aviez, en
effet, de meilleures *précautions du
moment* à leur indiquer, je les attends
de votre zele, & je vous demande une
autre fois plus de modération dans
vos critiques.

Je fuis, Monfieur, &c.

SECONDE LETTRE.

JE les connoiſſois, Monſieur, les *précautions du moment*, dont vous me faites une apologie très ingénieuſe. Je viens de réfléchir encore, le mieux qu'il m'a été poſſible, ſur les raiſons que vous alléguez pour les excuſer ; vous vous attendez ſans doute à une réponſe pleine de franchiſe : vous n'y ſerez pas trompé ; la voici.

Plus j'examine, moins ces prétendues précautions du moment me ſemblent louables : plus il me paroît aiſé de vous prouver que, dans le cas très rare d'une néceſſité véritable, il en eſt d'autres plus ſimples, plus juſtes, & plus avantageuſes à tous égards.

Je conviens d'abord avec vous, Monſieur, en général que *le moment* eſt effrayant pour toutes les perſonnes en place ; que les *émeutes* ſont toujours de grands maux, qu'il ne faut pas irriter le Peuple, ſur-tout quand il eſt dans la détreſſe, & qu'il a quelqu'eſ-

pece de raifon ; enfin qu'il faut des
précautions provifoires dans les cas
malheureux & imprévus.

Je conviendrai même en particulier
que vos Magiftrats fe font trouvés ,
fans qu'il y ait eu de leur faute , dans
ces circonftances critiques , où les *pré-*
cautions du moment font abfolument
ind fpenfables : vous voyez que je vais
droit au fait avec vous.

Les *événements* , qui ont fait naître
les émeutes , mériteroient pourtant
quelques réflexions. Si l'idée de la
propriété, de fes *droits* facrés & impref-
criptibles , de la néceffité abfolue de
n'y donner jamais atteinte , avoir été
bien reconnue dans votre Province ,
& y eût fait la bafe de l'inftruction ,
il ne feroit pas aifément venu dans la
tête à tant de perfonnes , de demander ou d'accorder le Grain & la Farine
d'*autrui* aux deux tiers de fon prix ac-
tuel , & cela fans la participation des
Propriétaires.

Je fais cette remarque feulement
pour vous montrer, à vous, Monfieur,
& à tous les autres , une vérité qui a
befoin d'être répétée fouvent ; parcequ'elle eft continuellement oubliée ,

pendant qu'elle devroit être fans ceffe fous les yeux de tout le monde, & principalement des gens en place. Cette vérité c'eft que le droit de propriété doit être toujours confulté, en tout, le premier; parceque le premier devoir eft d'être *jufte*, parcequ'on peut être *aprés* charitable, ou habile Politique; mais que la premiere chofe eft de laiffer à chacun ce qui lui appartient, & de ne jamais voler l'un fous prétexte de faire du bien à l'autre. C'eft prefque toujours à quoi l'on ne fait pas attention, quand il s'agit d'ordonner & de *réglementer*.

Si vos Gens de Mantes & de Rouen avoient daigné penfer aux *Propriétaires* du Bled & à leurs *droits*; s'ils fe fuffent mis à la place de ces Propriétaires, ils n'auroient pas eu probablement tant d'ardeur à le recevoir ou à le donner *à moitié perte*. Je fuis perfuadé que fi on avoit propofé à cet homme prétendu charitable, qui donnoit pour 15 liv. du Bled de 27 ou 28, d'aller piller ou filouter quinze ou 16 mille liv. à d'honnêtes Négociants ou de forcer la caiffe du Receveur des Tailles, pour y prendre pareille fom-

me des deniers Royaux , il auroit fré-
mi de cette propofition.

Je crois de même que fi on eût dit
aux trois ou quatre mille Payfans
ameutés avec leurs facs : Mes amis ,
ils veulent vendre le Bled dix écus ,
nous n'avons que quinze livres ; rien
n'eft plus fimple , je fais où il y a de
l'argent , allons-en prendre tous de
quoi payer le Bled trente livres le feptier , & nous ferons de pair : toutes ces
bonnes gens auroient reculé , & fe feroient révoltés contre le Harangueur.

Mais , Monfieur , eft-ce que ce n'eft
pas la même chofe de prendre de
force pour 15 liv. le feptier , du Bled
qui en a coûté 25 ou 26 , & qui fe
vend trente , ou de voler autant de
fois dix ou douze francs qu'on prend
ainfi de feptiers de Grain ? Eft-ce qu'un
Marchand quelconque n'y perd pas
également dix ou douze mille francs
de fon argent , foit qu'on force fa caiffe
pour les prendre en efpeces , foit qu'on
les lui faffe perdre fur l'achat qu'il a
fait ? En vérité c'eft une chofe étrange
que de fe tromper là-deffus.

Des gens font affez aveuglés pour
vous dire : » Ce n'eft pas de l'argent

[15]

» que je veux, c'eſt du *Pain*, ou du
» *Bled* », & il y a des perſonnes en
place aſſez dupes pour croire à ce diſ-
cours, & même le répéter. Mais quand
le Bled vaut dix écus, & qu'il y en a,
(puiſqu'on le pille à 15 liv.) c'eſt 15 liv.
en argent qui manquent à celui qui
veut un ſeptier de Bled tout entier,
& qui n'a que 15 francs. Ce n'eſt pas
le Grain, puiſque le voilà. Ce n'eſt
pas le grain qu'il vole au Marchand,
qui ne l'a pas acheté pour le *manger*;
c'eſt de l'argent; car c'eſt là ce qu'il
en vouloit, & ce qu'il en devoit tirer.
On auroit honte de dire & d'écrire de
pareilles naïvetés, ſi on ne voyoit, par
de triſtes expériences, que les ſyſtê-
mes les plus abſurdes ſont les plus
communs, ceux que croient & ré-
petent bien des gens qui ne devroient
pas être *Peuple.*

Vous ne vous ſeriez donc pas trouvé
dans le cas *des précautions du moment*
ſi vos gens avoient un peu mieux ſu &
retenu, ,, Qu'il n'eſt jamais permis
,, de diſpoſer du bien d'autrui, ſous
,, prétexte d'en gratifier d'autres ,,
D'où vous conclurez, s'il vous plaît,

la néceſſité d'inſtruire votre Province,
& ſur-tout les gens qui s'y mêlent des
affaires publiques , ſur cette regle in-
violable de toute adminiſtration.

Vous prendrez encore ceci pour un
trait de critique ; non , Monſieur , le
ſarcaſme n'eſt pas dans mon caractere :
c'eſt ſérieuſement , & à très bonne intention , que j'ai cru devoir inſiſter
ſur cet article important. Voulez-vous
que je vous le diſe naturellement ,
j'ai vu beaucoup d'Ecrits ſortis de votre Province , j'ai entendu beaucoup
de vos Apologiſtes , on m'a rapporté
beaucoup de vos excuſes , & je trouve
par-tout qu'on n'y fait pas la moindre
attention au droit de *propriété* , &
qu'on raiſonne ſur le Bled qui croît
dans les champs , comme s'il étoit à
tout le monde indiſtinctement , comme s'il appartenoit en conſéquence au
Roi , au Gouvernement , aux Magiſtrats d'en *diſpoſer* , en vue de ce qu'on
appelle l'utilité publique.

Prenez y bien garde , Monſieur , ce
principe ſi *faux* & ſi fécond en conſé-
quences pernicieuſes , eſt le fondement *tacite* de tous les raiſonnements

qu'on fait en cette matiere. Quand on
a une fois enfilé cette mauvaise route
(je dis sans s'en appercevoir, & uni-
quement par oubli), alors il n'eſt
point de précipice où l'on ne puiſſe
tomber.

Au contraire quand on part de cette
vérité, ſi claire & ſi importante, que
le Bled eſt à quelqu'un ; que celui-là
ſeul a droit d'en diſpoſer, puiſqu'il eſt
à lui : on eſt pour toujours en garde
contre les ſophiſmes, en ſe rappellant
ſans ceſſe ces mots, *le Propriétaire du
Bled, les droits de ſa propriété.*

Ce n'eſt pas ſeulement à titre de
juſtice, c'eſt encore en bonne politique, l'intérêt de tout le monde, que
jamais ces droits ne ſoient violés.
Quand le Propriétaire du Bled en eſt le
maître, & le vend bien, il y a plaiſir
& profit à le faire naître : bien des gens
y travaillent à qui mieux mieux, &
tout le monde s'en trouve bien : quand
le Propriétaire du Bled eſt forcé &
pillé, chacun s'en dégoute, & tout le
monde s'en trouve mal.

Il n'eſt pas un de ceux qui ont écrit,
opiné ou raiſonné ſur cette matiere,
qui puiſſe nier ces principes ; par

quelle fatalité n'y en a-t-il pas un feul qui en ait fait la bafe de fes avis & de fes difcours ?

Quoi qu'il en foit , je conviens , Monfieur , fans infifter davantage , que les circonftances ont exigé chez vous des précautions du moment. Examinons celles qu'on a prifes , en même-temps que je vous propoferai celles qui me paroiffent meilleures pour les cas de la véritable néceffité.

Analyfons d'abord les circonftances de ce moment fi terrible. J'en trouve deux , l'une réelle , & l'autre chimérique. La trop grande *cherté* du pain chez les Boulangers , & du Bled dans les Marchés : voilà le réel. Les terreurs du Peuple , fes opinions fur l'exportation & le monopole : voilà le chimérique.

Remarquez, Monfieur , que la première circonftance ne cauferoit par elle-même aucune émeute fans la feconde. Après une récolte évidemment mauvaife , & très mauvaife , même la la plus difetteufe en tout genre de production qu'il y ait eu depuis plus de cinquante ans , il étoit tout *naturel* de voir *enchérir* les Grains & le Pain. Ils ont monté, dans toutes les années qui ont été mauvaises, de mémoire d'hommes, à un prix excessivement supérieur à celui que nous avons eu en 1768 ; rappellez-vous les époques de 1709, de 1720, de 1725, de 1740 ; aucune de ces années n'égaloit en vraie disette de tous grains, fruits, vins, cidres, la désolation totale de la derniere récolte. Il y avoit dans toutes, même en 1709, plus de vins & de fruits, même de grains tardifs, qu'en 1767, où tout a manqué.

C'est une réflexion que je vous prie de faire en passant, & d'appliquer au grand objet de la Liberté du Commerce des grains ; car je vous défie de trouver une autre cause naturelle de cet événement, si singulier & si favorable, que le commencement de cette *Liberté*, goûtée dans plusieurs Provinces, qui a opéré des défrichements considérables, assez immenses pour frapper les plus inattentifs, & sur-tout une amélioration de *culture* dans les anciennes terres, qui fait moins d'effet sur le commun des hommes, mais qui en a bien plus dans la réalité.

Oui, Monsieur, si, dès 1763, vous

n'aviez pas eu la libre communication de Province à Province, & dès 1764, un commencement de Liberté pour la communication avec tout l'Univers. L'année 1768 eût été une année vraiment *terrible*, la récolte étant beaucoup plus mauvaise qu'en 1740 * ; le Bled se seroit vendu plus de cinquante livres le septier de Paris (car c'étoit à-peu-près son prix en 1741) : le pain bis auroit passé 5 sols la livre : tout Paris est plein de gens qui l'ont vu. La Liberté du Commerce a jetté de l'argent parmi le Peuple : c'est une chose indubitable, & cependant, quoiqu'un peu plus en état de *payer*, & ayant plus de *moyens*, il a toujours eu le pain bis à moins de trois sols : c'est deux cinquiemes de différence. Vous n'en trouverez, Monsieur, d'autre cause que la *Liberté* du Commerce des Grains & les améliorations de culture qu'elle a occasionnées. Croyez-vous que ce ne soit pas là une expérience qui vaut la peine d'être remarquée par tous les honnêtes gens qui s'occupent de l'intérêt public ?

* Non pas précisément en *Grains*, mais en fruits de toute espece dont le *défaut total* fait consommer *plus* de pain, & rend par conséquent le Bled plus *cher*.

Pardonnez-moi donc ma digreſſion ;
& revenons ; le Peuple ſait à merveille
que la mauvaiſe récolte rend les *Grains*
plus *rares*, & le *pain* plus *cher*. Il n'y
a donc que les fauſſes opinions & les
vaines terreurs qui le mutinent. Auſſi
convenez vous dans votre Lettre même, que les émeutes & les ſouleve-
ments de vos cantons ne ſont point
venus par la *cherté* ; puiſque dans d'autres lieux il y a eu même prix & tran-
quillité parfaite : puiſque le Bled n'é-
toit pas *plus cher* que dans les Marchés précédents à Rouen & à Mantes
dans les tems où s'y ſont élevés les
orages.

Ce n'eſt donc pas la réalité qui cauſe
les émeutes, ce ſont les *circonſtances*
imprévues & les *idées chimériques*. Le
Peuple a des opinions fauſſes & ridi-
cules ; il a des ſentiments d'inquiétude
& d'aigreur : les *circonſtances* les ré-
veillent, & de-là naiſſent les émeutes.

Il n'en eſt pas moins vrai que les
Dépoſitaires de l'Autorité Royale doivent pourvoir également à l'une & à
l'autre cauſe du déſordre, & nous
ſommes à cet égard vous & moi,
Monſieur, dans les mêmes principes.

Bien loin de méprifer les émeutes pó-
pulaires, bien loin de n'y oppofer que
la force & les châtiments, je fuis abfolument d'avis que les Magiftrats
doivent prendre la voie la plus courte,
la plus sûre & la plus prompte pour
foulager le Peuple & pour le *tranquillifer.*

Il ne refte plus qu'à favoir quels
étoient, dans les circonftances où
vous vous trouviez, le vrai moyen de
foulager vos Peuples, quel étoit celui
de les *tranquillifer.*

Pour *foulager* vos Peuples, Monfieur, il falloit leur procurer, le plu-
tôt poffible, l'*abondance*, qui eft certainement toujours fuivie du bon marché. Pour les *tranquillifer*, il falloit
les *éclairer*, les faire revenir de leurs
préjugés & de leurs *erreurs.* Vous m'a-
vouerez certainement, Monfieur, que
fi ces deux grands effets pouvoient être
opérés, de procurer au Peuple l'abondance des grains, & une tête faine,
vous n'auriez plus d'émeutes ni de fé-
ditions à craindre.

Oui, me direz-vous fans doute;
mais pour les opérer quels font vos
moyens ? Les voici en deux mots,

Liberté & Instruction ; deux grands mots, Monsieur, qui ont leur application en cette matiere , comme en toute autre, & qui font la clef de toute bonne & honnête Administration.

Je n'ai pas befoin de vous prouver que vous n'aviez ni l'un ni l'autre dans vos cantons ; point de *Liberté*, puifque votre Port de Rouen étoit fermé, comme vous l'annoncez vous-même dès le mois de Novembre 1766; point de *Liberté*, puifque vos Peuples pilloient bateaux & magafins.; point de Liberté, puifque votre Parlement lui-même en eft encore à forcer les apports au Marché, & les ventes au prix courant; puifqu'il prohibe les *achats* faits par certaines perfonnes, & en certains lieux. Point d'*Instruction*, puifque vous convenez que votre Peuple avoit la tête farcie de chimeres, & puifque les fuites ont prouvé qu'il n'étoit pas feul.

N'en doutez pas, Monfieur, un Arrêt de votre Parlement, qui eût déclaré *le Commerce du Bled, de la Farine & du Pain abfolument libre*, qui eût été imprimé avec profufion, ac-

compagné d'un Difcours bien frappé
d'un de vos Magiftrats, d'un Requifi-
toire du Parquet, bien fimple & bien
convaincant, qui eût été adreffé à la
Magiftrature du fecond rang, à tous
les Eccléfiaftiques, à toutes les perfonnes éclairées & conftituées en dignité
quelconque, auroit été la meilleure,
la plus jufte, la plus sûre *précaution
du moment*.

Je prévois vos objections, & je vais
y répondre. Premierement, me direz-
vous, cet Arrêt auroit été en contradiction avec l'Edit du mois de Juillet
1764. C'eft en conféquence de cet
Edit que les Ports de Normandie
étoient fermés, & ne pouvoient s'ou-
vrir que par ordre du Confeil. Le Parlement ne devoit donc pas accorder
une Liberté réprouvée par une Loi fo-
lemnellement enregiftrée.

Un de vos Compatriotes m'avoit
déja fait cette difficulté; voici ce que
je lui ai répondu. C'eft une finguliere
délicateffe que de refpecter d'une part
dans une Loi des difpofitions mobiles
& variables que le Souverain annonce
telles, qu'il n'établit que pour *le préfent*, (par maniere d'épreuve, & dans
l'intention

l'intention très clairement annoncée de les supprimer un jour quand il en sera tems), mais de renverser de l'autre part les dispositions de la même Loi, que le Souverain annonce comme perpétuelles & irrévocables, dont il a protesté dès lors, & dont il ne cesse de protester, qu'il ne s'écartera pas.

Quoi, Monsieur, pendant que l'Edit de 1764, & même la Déclaration de 1763, porte *à perpétuité*, sans aucune restriction, sans condition ni modification, *pleine & entiere Liberté* à tous les Sujets du Roi, sans distinction des personnes, ni des lieux, de vendre & d'acheter des Bleds, de les transporter, de les enmagasiner, un Arrêt provisoire, sous prétexte de prendre les précautions du moment, *prohibe le Commerce des Bleds* à certaines personnes, par exemple, aux Meûniers, qui feroient tant de bien s'ils étoient bons Marchands de Farines assorties? le *prohibe* en tous lieux hors les Marchés? Prohibe les Magasins, en *forçant* les Fermiers à venir vendre journellement dans les Halles; & ce ne sont pas-là des contraventions for-

B

melles à l'Edit de 1764, & à la Déclaration de 1763 ?

Quoi ! vous croyez qu'on auroit manqué plus essentiellement de respect pour cette Loi, si, dans la circonstance, & attendu le moment critique, on eût avancé par provision l'époque annoncée par le Légiflateur lui-même, en préfumant son approbation, vu la nécessité ? Non, Monsieur, je ne puis le penser, la Déclaration de 1763 étant absolue & irrévocable ; l'Edit de 1764 l'étant de même en tous les points manifeftement violés par l'Arrêt échappé aux circonftances : il étoit bien plus fimple de respecter celles-là, & d'ordonner un autre provifoire qui ne contredifoit, ni l'esprit, ni même la lettre de l'Edit ; car ce que le Roi ordonnoit, *quant à préfent*, en 1764, peut être retracté en 1768, fans *contradiction formelle* : au lieu que c'eft absolument *contredire*, que de défendre, même pour un jour, ce que le Légiflateur permet généralement, pour toujours, & d'une maniere irrévocable.

Le parti d'accorder provifoirement la plus entiere & la plus parfaite Li-

berté du Commerce des Grains, de la
Farine & du Pain , eût donc été plus
légal que celui de ftatuer des prohibitions , & d'ordonner des *ventes forcées.*
Examinons s'il eût été plus avanta-
geux.

Pour réfoudre ce problême , fi c'en
eft un , il ne faut , Monfieur , comme
on l'a dit dans l'Avis au Peuple , que
mettre la main chacun fur fa con-
fcience. *Si j'étois Marchand de Bled,*
où irois-je ? Voici deux Provinces
également affligées , ou menacées de
la difette; dans l'une on a toute liberté
d'entrer & de fortir , de vendre , d'a-
cheter , d'apporter & de remporter;
nul n'eft exclu, nul n'eft géné , nul
n'eft rançonné : il n'y a ni formalités ,
ni conditions , ni exactions , mais
franchife abfolue. Dans l'autre on peut
entrer , mais on ne peut pas fortir ;
toutes les iffues font fermées : on n'eft
pas maître de vendre à tout le monde,
ni dans tous les lieux ; il y a des perfonnes exceptées, & des lieux qui font
feuls privilégiés : d'ailleurs quand le
Peuple s'ameute, on laiffe fes pillages
impunis ; & pour le tranquillifer , les
Magiftrats mettent de nouvelles pro-

hibitions , auxquelles on ne pouvoit pas s'attendre : on y force déja les Cultivateurs du Pays à venir vendre au Marché , peut-être y forceroit-on bien-tôt les Marchands Forains. On y taxe le pain , on y réglemente les Boulangers ; au premier bruit on pourroit bien *taxer* tous les grains , & en *forcer* la vente.

Avouez de bonne foi , que tout homme raisonnable , ayant à choisir entre ces deux Pays, à prix égal , préféreroit le premier. Eh bien , Monsieur, vous auriez été ce premier Pays si vos Magistrats eussent choisi la plus parfaite Liberté pour *précaution du moment.* Vous êtes précisément le second, en vertu des *prohibitions* , des Réglemens , des Ordonnances qu'ils ont préférées.

Concluez que toutes les personnes raisonnables ont été sur-le-champ détournées de vous envoyer des Grains. C'est un fait certain : si le Roi n'eût eu la bonté de venir à votre secours, si ses intentions bienfaisantes n'étoient secondées en cette partie sous les ordres de M. le Contrôleur Général , par un Magistrat qui met autant d'ordre

& d'activité que de patriotifme &
d'honnêteté dans cette Adminiftra-
tion, vous auriez eu la *difette* pour
fruit de ces *prohibitions* & de ces *contraintes.*

Vos Négociants de Rouen & du
refte de la Normandie, qui favent fi
bien le trafic, & qui négligent fi peu
les profits, n'ont fait aucune fpéculation fur les Bleds. Il y a même plus,
quelques-uns de ceux qui commen-
çoient à tenter ce Commerce, s'en
font retirés fi-tôt que l'Arrêt a paru.
C'eft un fait dont je fuis bien affuré;
ils ont rétracté les ordres qu'ils avoient
donnés pour acheter des Bleds à bon
compte, & vous les voiturer. Comment auroient ils pu faire autrement,
dès qu'on leur a ôté toute *sûreté*, toute
liberté ?

Dites-moi donc à préfent comment
vous pouvez amener l'*abondance* dans
une Province difetteufe, fans *importation*. N'eft-ce pas le comble de l'in-
conféquence, de compâtir à l'état du
Peuple, qui fouffre une difette affez
grande, & qui en craint une pire, &
de prendre en même-tems des mefu-

res qui repouſſent l'*importation*, mere
de l'abondance.

Mais, diréz-vous encore, nous
n'avons pas beſoin d'*importation*; il y
avoit, il y a même encore des Bleds
dans la Province de quoi nourrir ſes
habitants : mais les Monopoleurs *te-
noient* ces Bleds *cachés* en magaſins ;
mais les Fermiers & les Propriétaires
les *reſſerroient*, dans le deſſein de les
vendre plus cher. Il n'y a donc pas eu
beſoin de favoriſer l'*importation* par
un Arrêt qui eût donné pleine Liberté ;
il ſuffiſoit de *contraindre* les Magaſi-
neurs à garnir les Marchés.

A cela voici ma réponſe. Premierement il y a de la contradiction dans
ces idées ; mais une contradiction im-
pardonnable. Il vous reſte, dites-vous,
aſſez de Bled Normand ; il eſt donc
faux qu'il en ait été trop *exporté* ? Il
eſt donc inutile, abſurde & injuſte de
demander, ſous ce prétexte, au Roi
qu'il lui plaiſe de mettre des bornes
plus étroites à l'exportation : c'eſt
une allarme inutile répandue dans la
Province & dans toute la Nation,
& répandue par qui ? & comment ?

[51]

Demander qu'on faſſe *moins* d'ex-
portations, & mettre en theſe qu'on
n'en a pas *trop* fait ; quelle Logi-
que !

Mais je veux que vous n'euſſiez pas
un beſoin réel de l'*importation*, vous
aviez au moins beſoin dans le moment que cette importation fût la plus
facile & la plus avantageuſe qui ſoit
poſſible aux Importateurs, & votre
propre objection le prouve. Les Magaſiniers, Propriétaires, Marchands
ou Fermiers, reſſerroient les Grains,
dans l'eſpoir de les vendre plus cher ;
il y avoit un complot & un concert,
vous le ſuppoſez, ou du moins un ac-
cord tacite. Ne voyez-vous pas que
l'*importation* rendûe *la plus libre* qu'il
eût été poſſible, les *forçoit* bien mieux
que tous les Arrêts du monde, à ou-
vrir *ſur-le-champ* leurs magaſins &
leurs greniers, pour prévenir les *Importateurs* & profiter encore du bon
prix.

Mettez-vous un moment à la place
des Monopoleurs, & de ceux que la
populace appelle Uſuriers, c'eſt-à-
dire, Propriétaires ou Fermiers avi-

B iv

des, qui attendent le plus qu'ils peuvent pour vendre plus cher. C'eſt ainſi
qu'il faut toujours raiſonner, en pre-
nant la place des gens. Si vous aviez
du Bled en magaſin, qui valût actuel-
lement 30 liv. tous les débouchés étant
fermés, & le Peuple ameuté contre la
Liberté, ſous le nom d'*exportation*; ſi
vous voyiez les Magiſtrats chaſſer les
Etrangers, par la conſervation des
anciennes prohibitions, & par l'addi-
tion de nouvelles défenſes, de nouvelles contraintes, préſages preſqu'aſ-
ſurés de la *diſette*; que feriez-vous ?
Voici, je crois, votre raiſonne-
ment : D'ici à la récolte il ſe mangera
du Bled tous les jours; il ne s'en re-
cueillera pas ; il n'en viendra pas du
dehors: les Fermiers qui ne pourront
pas s'en empêcher, fourniront, *par
force*, à la conſommation de quelques
ſemaines; il faudra bien que la denrée
renchériſſe : arrangeons-nous pour élu-
der les recherches & les contraintes;
attendons, & nous vendrons plus
cher.
Ceci n'eſt pas une ſpéculation,
Monſieur; je ſuis encore certain que

le fait eſt arrivé chez vous : aucun
Marchand n'a vendu *volontairement*,
dans les premieres fermentations oc-
caſionnées par l'Arrêt ; auſſi les Grains
ont - ils augmenté ſur - le - champ ſi-
tôt après ſa publication, même dans
des lieux de la Normandie, où il n'y
avoit ni commencement, ni même
apparence de renchériſſement : & ſans
les ſecours du Roi, le mal eût été bien
plus grand.

 Au contraire, en vous ſuppoſant
toujours à la place des Magaſiniers,
demandez vous ce que vous feriez ſi
l'Arrêt le plus ſolemnel appelloit tous
les *Importateurs*, en leur aſſurant
pleine & entiere franchiſe, liberté la
plus parfaite. Vous diriez ; mais les
Bleds ſont à bien meilleur marché que
les nôtres, non-ſeulement dans pluſieurs autres Etats, mais encore dans
pluſieurs Provinces de France, ſur la
Loire, & ſur ſes rivieres affluentes,
ſur la Seine même, & ſur celles
qu'elle reçoit. C'eſt un fait bien certain encore, Monſieur, dans le moment de vos troubles, le froment ne
paſſoit pas le prix de 15, 18 à 21 liv.

le septier de Paris, dans la grande moitié du Royaume de France.

Qu'auriez-vous conclu de ce fait très indubitable, vous Magasinier en Normandie, où le Bled se vendoit environ 30 liv.? qu'il falloit vous *dépêcher de vendre* avant l'arrivée des *Importateurs* excités par l'Arrêt de *pleine Liberté.*

Vous auriez donc ouvert vos greniers, les autres en auroient fait autant: & voilà, sans violer le droit naturel, sans contredire l'Ordonnance de 1763, & les dispositions absolues, perpétuelles, irrévocables de l'Edit de 1764, que les Magasins & les greniers se seroient trouvés ouverts, les Marchés garnis, le prix diminué, le Peuple *tranquille & soulagé.*

Oui, Monsieur, oui n'en doutez jamais, parceque la raison & l'expérience vous le confirment en cent manieres différentes. *L'abondance & le bon marché accompagnent* TOUT DE SUITE *la liberté accordée au Commerce ;* mais au contraire, *la disette & la cherté suivent les gênes, les contraintes & les prohibitions.*

Par-tout où vous voulez *forcer la denrée*, celle du pays se cache le mieux possible ; celle des autres n'y vient pas. Appellez les denrées étrangeres par la certitude de la franchise & de la liberté jointe *au bon prix*, elles vont se mettre en marche, & celle du pays va sortir pour les prévenir.

La *précaution du moment* contre *la disette réelle*, ou contre *la mauvaise volonté* des Magasiniers, étoit donc, suivant la Justice, l'esprit des Ordonnances, & la bonne politique, *la liberté parfaite, la franchise totale*, seul, mais infaillible attrait de l'*importation*, mere de l'*abondance* ; non les prohibitions, les contraintes, les contraventions aux Loix les plus formelles. Terribles épouventails du Commerce, appas infaillibles du monopole & de la cupidité.

Mais, me direz-vous, ce moyen n'opere que lentement. L'*importation* demande du temps pour s'établir : en attendant le Peuple *souffre de la cherté* ; & vous conviendrez au moins que la *taxe* du pain à un plus bas prix, est un soulagement plus prompt, plus assuré pour les malheureux.

Premierement, il n'eſt pas vrai que
le remede ſoit *lent*. Je viens de vous
prouver le contraire. L'idée certaine
de l'*importation* qui va venir, *force* le
Magaſinier du pays à vendre, parcequ'il n'a que des pertes à eſſuyer de
jour en jour, s'il ne ſe hâte pas de prévenir l'*Importateur*. Ainſi la Liberté
opéreroit ſur-le-champ l'abondance
des ventes, & le meilleur marché par
conſéquent. Ainſi vous n'avez pas beſoin d'un autre remede, en attendant
l'effet de celui-là, puiſqu'il ſe fait ſen-
tir ſur-le-champ.

D'ailleurs, vous êtes convenu vous-
même que les émeutes n'étoient pas
nées de *la cherté*, puiſqu'on achetoit
depuis quelque temps au même prix,
& très patiemment; puiſqu'on a con-
tinué d'acheter, même plus cher, ſans
ſoulevement. Le Bled n'a pas diminué; au contraire, il a augmenté dans
pluſieurs endroits; & il auroit monté
bien plus haut, ſans les ſecours que
vous a donnés l'Adminiſtration.

Taxer le Pain ſans *taxer* le Bled,
c'eſt encore une de ces opérations ſin-
gulieres, dont la raiſon ne ſe devine
point. *Taxer* le Bled a paru trop in-

jufte & trop abfurde fans doute. Mais
fi le Bled augmente ; comment le Pain
peut-il refter au même *taux*, fans *ruiner* les Boulangers ? Et quand ils feront ruinés, quel profit en tirera le
Peuple ?

Au lieu de *forcer* les Boulangers à
faire du pain & à le vendre fuivant
une *taxe*, ne voyez-vous pas que *la
Liberté provifoire* donnée à tout le
monde d'en vendre, auroit été moins
dure pour eux, moins injufte, & cependant plus capable de les réduire
à ne prendre que le profit qui leur eft
dû pour la façon.

Imaginez-vous encore que vous êtes
Boulanger ; vous gagnez le plus qu'il
vous eft poffible (c'eft la conduite de
tout le monde). Les grains font chers.
Je viens vous dire : vous autres Boulangers ; vous avez *feuls* le droit de vendre du pain : gardez ce privilege exclu-
fif, *même en ce moment critique* ; mais
je vous *force* premierement à vendre du
pain ; fecondement, à le vendre toujours au même prix, quoique les Grains
foient *plus chers*. Un autre au contraire vous dit : je ne veux vous *forcer*
ni à l'un ni à l'autre ; continuez *de*

vendre ce que vous voudrez, & au prix que vous voudrez; mais, comme il faut contenter & foulager le Peuple, je communique à tout le monde la *Liberté* de vendre du pain en concurrence avec vous, par provifion au moins, & par maniere de *précaution du moment*. Je crois que vous trouveriez ce dernier plus raifonnable & plus humain. Il n'en iroit pas moins à fon but de foulager & de tranquillifer le Peuple.

Mais, ajouterez-vous encore, au milieu de tous ces beaux raifonnements, il y a des gens qui meurent de faim, dans la force du mot, & qui n'ont nuls *moyens* pour acheter le pain fi cher. C'eft un fpectacle qui tire les larmes des yeux.

Cela peut être; & j'en fuis certainement auffi affligé que vous. Le défaut total de la derniere récolte a mis bien des gens dans la mifere. Un Vigneron, par exemple, dans les pays de vignoble, qui n'a pas fait une goutte de vin, un Jardinier qui a perdu tous fes fruits, un Fermier, un Propriétaire de Normandie, qui n'ont pas fait de cidre, font fort à plaindre.

Mais , Monsieur , c'est la gelée, ce font les pluies qui ont fait le mal , & ce n'est pas de semblables gens qui ont fait de sang froid les émeutes : d'ailleurs , c'est une pauvre ressource , comme vous avez vû , que vos contraintes & vos prohibitions ; car elles chassent l'abondance & font encherir le Bled.

Que faut-il donc faire aux pauvres qui meurent de faim ? Vous me le demandez ; mais rien n'est plus aisé à trouver : *l'aumône* , Monsieur , *l'aumône* , qui consiste à donner de *l'argent* pour acheter du pain au prix qu'il coûteroit dans l'état de Liberté : c'est ce qu'a pratiqué , avec beaucoup de sagesse & de générosité , un de vos Magistrats du second Ordre , digne de l'amour de tous les hommes sensibles , & du respect de tous les Citoyens , M. le Lieutenant de Police au Siége de Caen , dont l'exemple a été suivi par M. de Fontette , Intendant , & par plusieurs autres.

Ils ont crû , ces dignes Magistrats , qu'il étoit bien plus honnête de donner de l'argent que d'autoriser , par des subtilités de réglements , les pau-

[40]

vres à *le voler* aux Propriétaires des
Bleds. Le Miniſtre leur en a témoigné
ſa ſatisfaction. Comptez, Monſieur,
que de pareilles *aumônes*, faites dans
le cas d'une véritable & preſſante néceſſité ne feront jamais *à la charge* de
ceux qui les diſtribueront, comme la
plus excellente des *précautions du moment*, quand on ſait l'employer avec
diſcrétion. Le Gouvernement eſt trop
éclairé pour ne pas ſe faire un devoir
de n'en laiſſer aux Magiſtrats que l'hon-
neur & le mérite; il ſait trop combien
il y auroit de profit à ſacrifier ainſi
quelques légeres ſommes, dans *les
occaſions critiques*, pour appaiſer les
rumeurs & diſſiper les reſtes du vieux
préjugé.

Ces aumônes, faites avec diſcerne-
ment & prudence, rendent le pain à
fort *bon marché* pour les vrais Pauvres,
dès qu'on leur donne ou qu'on leur
prête de quoi le payer. Elles ſont meilleures que des *taxes*; car enfin c'eſt
ſouvent *le riche* qui profite du *bon
marché* que fait la *taxe*; & c'eſt une
belle opération que de ruiner des pauvres Boulangers, pour que les Riches
mangent le pain ſans le payer ſa va-
leur.

D'ailleurs un Pauvre, l'argent de son aumône à la main, choisit le bon pain, au lieu qu'en forçant d'en faire suivant la taxe, ils le font *mauvais*; & le vôtre de Rouen, qui est *taxé*, pourroit bien s'en ressentir.

Je veux tout dire, puisque vous m'y excitez. Je sais que d'honnêtes Magistrats ont proposé chez vous ce *moyen* de pourvoir au besoin du moment. Je sais que M. le Premier Président a offert une somme considérable; que M. le Couteux a présenté une grosse contribution volontaire; que plusieurs autres de tous états s'y sont joints: il est vrai qu'on vouloit mal-à-propos restreindre cette *aumône* aux fileurs & fileuses de coton qui surchargent la Ville. Mais si au lieu de se borner à l'achat des cotons filés, on eût préféré dans le moment le *moyen* qu'a pris depuis le Gouvernement, d'employer *tous* les *pauvres valides* aux travaux publics, *d'aumôner* les *invalides* & d'accorder pleine franchise, liberté absolue au Commerce des Grains, des Farines & du Pain, sans formalités, sans droits, sans gênes quelconques, vous auriez vu

tout-à-coup le Peuple *tranquille & fou-
lagé.*

La Cour eut sûrement applaudi à
cet Acte de juftice & de bonne admi-
niftration ; elle ne tient probablement
point aux reftrictions, encore moins
au petit impôt qui fe perçoit fur les
Grains & les Farines.

J'ai ajoûté qu'il auroit fallu, dans,
un Réquifitoire, & dans quelqu'autre Difcours, expliquer à la partie du
Public qui lit & qui penfe, les raifons
de cette conduite, & en faire fentir
les conféquences heureufes; fur-tout
faire voir la vraie fource de la *difette,*
qui eft la mauvaife faifon & la perte
de la récolte, non *l'exportation,*
comme le Peuple le penfoit, & montrer à tous les caufes du tumulte, en
rappellant au Peuple ces deux maxi-
mes fondamentales ; la premiere,
qu'il n'y a point d'autorité qui puiffe
violer les droits des *Propriétaires* du
Bled, comme de toute autre chofe.
La feconde, que le meilleur moyen
de lui procurer le bon marché du
Pain & du Bled, eft de refpecter beaucoup cette *propriété*, & de donner au
Commerce la plus *parfaite Liberté.*

Vous ne me contesteriez pas sans doute que cette instruction, accompagnée d'un Arrêt, & par cet Arrêt, d'une épreuve très avantageuse des bons effets de la Liberté, auroit dissipé tous les préjugés dont votre Peuple avoit, comme vous dites, la tête préoccupée.

Convenez de même que le vrai moyen de le confirmer dans ses erreurs & dans ses opinions, c'est de rendre des Arrêts qui les prennent pour base ; car enfin demander des bornes nouvelles à l'exportation, qui n'a point eu lieu du tout depuis près de deux ans, c'est supposer, avec le Peuple peu instruit, qu'elle est la cause du mal. Mettre, contre les dispositions formelles de deux Loix perpétuelles & irrévocables, des entraves au Commerce intérieur & local des Bleds, c'est supposer, avec le Peuple, que *la Liberté* est la cause de *la disette.*

Comment voulez-vous que le vulgaire se défie présentement de cette opinion, quand il la voit solemnellement consacrée ? Les ténèbres ne se

[44]

font-ils pas épaiffisfur fes yeux de plus
en plus?

Non, Monfieur, je ne puis vous le
diffimuler, rien n'eft moins fatisfai-
fant que les *prétendues précautions
du moment* dont vous vous êtes rendu
l'apologifte : elles augmentent nécef-
fairement le mal du Peuple, au lieu
de le *foulager ;* elles enracinent fes
préjugés & augmentent fes terreurs paniques, au lieu de les diffiper.

Liberté , Monfieur, *pleine Liberté*
du Commerce des Grains, des Farines & du Pain : *franchife abfolue ,* fans
formalités, fans droits, fans péages,
impôts, ou autres exactions. Voilà la
feule *précaution* générale du *moment.*
Ajoutez-y beaucoup d'inftruction fur
le droit des Propriétaires, & fur l'effet infaillible de la *Liberté* , qui eft
l'abondance & le bon marché. Avan-
cez même, s'il le faut, quelque argent aux plus pauvres néceffiteux, pour
acheter du pain au prix courant ;
avance qui vous feroit rendue par le
Gouvernement, avec éloges & actions
de graces.

Voilà ce que j'appelle *les précautions*

du moment. Voilà ce qu'on peut, ce
qu'on doit ordonner par provifion,
dans un pays où les accidents natu-
rels, les erreurs, les circonftances &
tous les événements poffibles font naître une vraie difette, des terreurs populaires, & même des émeutes, qu'il
vaudroit mieux prévenir par ces
moyens, que de les attendre pour les
appaifer.

Vous ne m'objecterez pas que la Liberté auroit encore caufé l'*exportation*;
c'eft à-dire, qu'on auroit acheté du
Bled pour le voiturer hors de votre
Pays : vous favez bien que c'étoit une
chofe impoffible.

Votre Bled fe vendoit alors environ
30 liv. le feptier de Paris ; je vous ai
dit que plus de la moitié du Royaume ne le payoit pas 21 liv. ; il ne valoit
que 25 ou 26 en Hollande, & le plus
beau froment blanc de Dantzic ne feroit revenu dans vos Ports, s'ils avoient
été libres, qu'à 26 liv. le feptier.

Comment voulez-vous donc que
des Négociants euffent acheté *fi cher*
chez vous, euffent fait des frais &
couru des rifques pour *porter ailleurs*,
& y vendre à bon marché.

Vous ne m'objecterez pas encore que la *franchise absolue* n'auroit pas procuré de soulagement ; vous savez que les droits, les péages, les taxes aux Marchés & aux Halles, les Moulins & Fours bannaux, les Privileges exclusifs des Boulangers mis en communauté, coûtent beaucoup d'argent, & rencherissent le païn du Peuple.

Vos Compatriotes auroient gagné le montant de toutes ces exactions, si l'Arrêt eut accordé, par provision, & pour le moment, pleine franchise & immunité totale au Bled, à la Farine & au Pain ; & c'eut été un *soulagement* considérable.

Le Peuple, que la plupart des gens trouvent si borné, ne s'y trompe pas ; & je crois très fermement qu'il n'y a pas une ville dans le Royaume où il n'accueillit avec mille & mille bénédictions les Auteurs d'un Arrêt portant *Franchise absolue*, *Liberté parfaite*, dans le moment de la plus grande disette & de la plus cruelle agitation. Si le Parlement de Rouen eut saisi ce moyen ; si on eut publié en même temps Arrêt de franchise & de liberté totale du Commerce des Bleds, de la

Farine & du Pain, invitation aux Importateurs, contributions volontaires pour faire *en argent* des aumônes aux plus pauvres, & les mettre en état *d'acheter du Pain*; vous auriez vu, au sortir de l'Assemblée, vos Magistrats portés en triomphe dans leurs maisons, au milieu des acclamations. La Cour & tout le Royaume y auroient joint leurs éloges.

Je n'ai pas besoin de vous dire combien est différente la sensation qu'ont excitée les atteintes qu'ils ont porté à la Loi naturelle, aux Loix positives du Royaume, & à l'intérêt public. Mais je me félicite que votre Lettre me mette à même de prévenir de pareilles démarches.

Vous m'avez donné, Monsieur, un problême à résoudre : *Comment peut-on pourvoir aux besoins du moment ?* Je ne sais si vous trouverez mieux que mes moyens, qui se réduisent à trois : *Liberté absolue* pour le Commerce ; *instruction* pour le Public ; *aumône* en *argent* pour les Pauvres.

Je les conseille avec ardeur ; & je blâme les autres avec franchise, peut-être même avec une dureté qui n'est

[48]

pas dans mon caractere ; mais il s'agit
d'un objet si essentiel, & les *fautes*
font d'une si terrible conséquence, que
je crois devoir me laisser emporter à
mon zele, qui n'altere pourtant point
le respect que je dois à chacun des
Magistrats, dont je regarde les intentions comme excellentes, dans le
temps même où je m'eleve le plus for-
tement contre d'anciennes erreurs.

Je suis, &c.

P. S. A propos des *Pauvres* qui ont besoin *d'aumônes* en *argent* : les vôtres ne font-
ils pas les Ouvriers de vos Manufactures,
qu'on a pris tant de peine à rassembler dans
vos Villes, & qu'on y retient comme prison-
niers, même dans les temps où le défaut de
moyens oblige les Consommateurs à se passer
de vos étoffes ?

Vos *Manufacturiers* ne vous persuadent-ils
pas de *nourrir* les Ouvriers aux *depens* de tous
les autres Citoyens, dans les moments critiques, afin qu'eux *Fabriquants* puissent *profiter,*
par leur *travail,* quand la bonne récolte aura
mis les Consommateurs en état d'acheter ?
Cette question mériteroit d'être examinée.

F I N.